Jetzt reiß' dich mal zusammen, du Lappen!

Vol. 1

eine mentale Einparkhilfe bei Verlust der Männlichkeit

A-Z

von

Sven Tolksdorf

MIX
Papier aus verantwortungsvollen Quellen
Paper from responsible sources
FSC® C105338

Vorwort

Herzlichen Glückwunsch, Irgendwer hat dir dieses Buch geschenkt! Du wirst es dir nicht selbst gekauft haben, denn wer gibt schon gerne zu, ein Lappen zu sein. Offensichtlich ist dies aber deine Außenwirkung, sonst hättest du das Buch jetzt nicht in der Hand.

Auf den folgenden Seiten lasse ich mich darüber aus, was dazu führen kann, als „Lappen" betitelt zu werden und zeige auf, wie man dieses verhindern kann. Ich nehme dabei kein Blatt vor den Mund und rede offen und politisch unkorrekt, so, wie ich es gewohnt bin.

Wenn dich die Lektüre dieses üblen Machwerks nicht in den Suizid treiben sollte, kannst du es anschließend Jemandem schenken, den du für einen Lappen hältst.

Arschkriecher

Diese Sorte von Lappen findet man in beinahe jedem Unternehmen. Besonders in großen Firmen mit viel Hierarchie und Unterstrukturen vermehrt sich diese Spezies besonders rasant. Wenn es mit dir schon so weit ist, dass dich Kollegen oder gar deine eigene Frau/Freundin offen als Arschkriecher betiteln, ist es dringend an der Zeit, das eigene Leben zu überdenken und an sich zu arbeiten.

Menschenwürde ist hier das Schlagwort. Mach einfach deinen Job und mach ihn gut. Du brauchst deinen Vorgesetzten nicht erzählen, wie gut du etwas gemacht hast, sie werden es auch so bemerken. Sei ein Teamplayer und verstehe dich gut mit deinen Kollegen, denn unter ihnen musst du dich wohlfühlen können. Wenn du ständig um deinen Chef kreist, wie eine Fliege um die Scheiße, nervst du damit nicht nur deinen Chef, sondern auch alle Kollegen.

Bart

Nur weil du einen Bart trägst, bist du noch lange kein Mann! Auch auf Muschis wachsen Haare.
Natürlich kannst du dein Äußeres so verändern, dass du wie ein richtiger Kerl aussiehst. Lass dir einen Bart wachsen und geh zum Tätowierer, zieh dir ein ärmelloses Shirt oder ein Holzfällerhemd an und trage derbe Stiefel. Alles schön und gut für das Badboy-Image, aber letztlich kommt es doch wieder darauf an, wer in den Klamotten steckt.
Die Veränderung von Äußerlichkeiten hat allerdings Einfluss auf die Psyche. So kann es durchaus passieren, dass du langsam zu dem wirst, was du sein möchtest. Funktioniert bei Transen ja auch ...
Verstelle dich dabei aber nicht! Schließlich möchtest du weiterhin dein eigenes Leben leben und nicht das, eines Anderen.

Cellulite

-bekommen Männer nicht, weil es einfach scheiße aussieht! Dieses Thema muss hier also nicht weiter behandelt werden. Ich muss allerdings anmerken, dass Personen, welche im Rahmen einer Geschlechtsumwandlung Östrogene erhalten, dann durchaus doch Cellulite bekommen können. Das ist dann aber auch wieder egal, da sie ja anschließend keine Männer mehr sind.

Durchhalten

„Was uns nicht umbringt macht uns härter" und „aufgeben ist keine Option" sind die Sätze, die du dir an dieser Stelle merken solltest. Wenn du etwas anfängst, dann zieh es auch durch. Dein Selbstvertrauen wird nicht besser, wenn du ständig aufgibst und Dinge nicht zu Ende bringst. Nur Lappen machen sowas! Wenn du sonst nichts zu tun hast, beginne ein Projekt. Plane es sorgfältig und überlege dir schon vorher, welche Arbeitsschritte nötig sein werden. Übernimm dich beim ersten Mal aber nicht. Fange mit kleinen Projekten an und bringe sie zu ende. Mit jedem erfolgreich abgeschlossenen Projekt wächst dein Selbstvertrauen und du wirst bereit für Größeres.

Ego

Sei immer du selbst, es sei denn, du kannst ein Wikinger sein. Dann sei lieber ein Wikinger.
Grundsätzlich ist ja alles besser, was einen nicht zum Lappen macht oder wie einen Lappen dastehen lässt. Hier spielen mehrere Faktoren eine Rolle:

- Wie siehst du aus?
- Was strahlst du aus?
- Was redest du?
- Wie kleidest du dich?
- Wer darf über dich urteilen?

An deinem Aussehen wirst du wohl nicht viel verändern können. Natürlich kannst du viel Geld in die Hand nehmen und dein Äußeres durch operative Eingriffe verändern lassen, aber wer will das schon? Da draußen laufen ja haufenweise Hackfressen rum, die man nicht als Lappen betitelt. Hier kommt es eher auf ein gepflegtes Äußeres an. Also leg dir eine vernünftige Frisur zu, geh jeden Tag duschen, putz deine Zähne, pflege deine Finger- und Fußnägel und entledige dich unansehnlicher Behaarungen. Zusammengewachsene Augenbrauen sehen nämlich mega dämlich aus. Wenn dir bereits einige Haare auf dem Kopf fehlen sollten, kann es sinnvoll sein, den Schädel komplett zu rasieren.

Die meisten Lappen zeichnen sich durch ihre Wehleidigkeit, ihr Gejammer und ihre Ängstlichkeit aus. Hier musst du viel cooler werden! Erhebe dein Haupt, das zeugt von Stolz und Überlegenheit. Wenn du fotografiert wirst, dann gucke von oben auf die Kamera herab. Guckst du von unten, hast du automatisch einen unterwürfigen Hundeblick. Labert dich Jemand voll, dann verschränke die Arme vor der Brust. Diese Haltung signalisiert Abwehr.

Alternativ kannst du auch die Hände in die Hosentaschen stecken und damit Entspanntheit und Gleichgültigkeit signalisieren. In sitzender Position den Kopf auf die Hand zu stützen zeugt von Gleichgültigkeit und/oder Langeweile. Gewöhne dir auf jeden Fall diese alberne Rumhampelei ab. Nur wer Ruhe ausstrahlt, erzeugt Wirkung, wenn er explodiert.

Eine vernünftige Allgemeinbildung, Medienkompetenz und Beherrschung der deutschen Sprache sind stets von Vorteil. Du musst nicht alles wissen, aber wenn du nichts Sinnvolles zum Gespräch beitragen kannst, halt am besten die Klappe. Es gibt auch Leute, mit denen man sich auch gar nicht unterhalten muss. In einem Restaurant sah ich einen Kerl am Nachbartisch, dessen T-Shirt mit dem Wort „Vollsuffchaoten“ beschriftet war. Da wusste ich doch sofort, dass sich eine Unterhaltung nicht lohnen würde. Eigentlich schön, wenn es einem die Leute so einfach machen. Selbstverständlich kannst du dich mit Jedem unterhalten, auch wenn die andere Person einen höheren Bildungsabschluss oder einen besseren Job als du hat. Wichtig ist dabei die Wahl des Gesprächsthemas. Rede über Dinge, von denen du etwas verstehst, aber langweile deinen Gegenüber nicht mit Details, die keine Sau interessieren. Wenn du Gas- Wasserinstallateur bist und dich mit einem Universitätsprofessor unterhältst, brauchst du ihm nicht erzählen, wieviel Scheiße du schon in fremden Toiletten gesehen hast.

Achte auf deine Worte. Besonders nervig ist es auch, wenn du irgendein Wort in beinahe jedem Satz verwendest. Besonders beliebt, unter Nervensägen, sind Worte wie „definitiv, und dann, theoretisch, echt oder geil". Der absolute Aufreger ist allerdings, wenn Jemand jede Aussage mit „weißt du?" beendet.

Kommen wir nun zur Kleidung: Sei nicht so ein Modefummel-Lappen, der ständig das Gleiche trägt, wie alle Anderen! Finde deinen eigenen Stil. Es spielt keine Rolle, ob deine Kleidung modern ist, denn nur du musst dich darin wohlfühlen und gefallen muss sie auch nur dir. Achte darauf, dass sich die Farben nicht beißen und komm nicht auf die Idee, Socken in Latschen zu tragen. Letzteres sieht total bescheuert aus und stempelt dich nicht nur zum Lappen, sondern auch zum Vollpfosten.

Gestatte nicht jedem dahergelaufenen Großmaul, über dich zu urteilen. Du bist zwar ein Lappen, aber um aus der Nummer rauszukommen, darf man sich nicht länger alles gefallen lassen. Je mehr Leute es gibt, die alles über dich wissen, umso mehr wird über dich geredet. Meist aber wenig Gutes und viel über deine Schwächen. Gib also nicht alles über dich preis, es sei denn, es ist ein wahrer Freund, den du schon lange kennst und dem du vertraust. Aber selbst dieser Freund muss nicht jede deiner Schwächen kennen. Außerdem bist du völlig uninteressant, wenn alles über dich bekannt ist. Sorge also dafür, dass du immer ein wenig geheimnisumwittert bleibst. Nicht jede Frage verdient eine Antwort.

Frauen

- sind wahrscheinlich der Grund, warum du kein Lappen mehr sein möchtest. Völlig zu Recht! Jeder von uns möchte so ein wunderbares Geschöpf haben. Das Problem ist nur, dass die meisten Frauen mit Lappen nichts anfangen können, es sei denn, sie wollen etwas abwischen. Sie wünschen sich einen Mann, zu dem sie aufschauen können, der in der Lage ist, sie notfalls zu beschützen. Jemanden, mit dem man sich auch unterhalten kann und mit dem man gerne Zeit verbringt. Vorzeigbar sollte er auch noch sein. Frauen hingegen, die du mit Geld und dickem Auto beeindrucken musst, taugen nichts. Wenn dich eine Frau nicht um deiner selbst willen liebt, such' dir lieber eine andere.

Eine Sache noch: Schlage niemals eine Frau! Es gibt wohl kaum etwas unmännlicheres, als die Hand gegen eine Frau zu erheben. Sowas machen nur Lappen!

Gendern

Das Volk der Dichter und Denker opfert seine vollends ausgereifte Sprache, um es einer Minderheit recht zu machen, die sich nicht entscheiden kann, ob sie heute männlich, weiblich, beides oder etwas Anderes sein möchte. Jetzt sollen wir Wortendungen verkrüppeln und mit einem Sternchen versehen. Dies ist so grotesk wie lächerlich!
Wenn du schon bis hierher durchgehalten und das Buch noch nicht wutentbrannt in eine Ecke gepfeffert hast, bist du wohl auf dem Weg, das Image eines Lappens abzulegen und dir deine Rolle als Mann zurück zu erobern. Männer haben Meinungen und sind bereit, diese zu vertreten. Du musst natürlich nicht zu Allem eine Meinung haben, schließlich gibt es Themen, die einem schlichtweg am Arsch vorbei gehen. In diesem speziellen Fall ergreife ich Partei für unsere Sprache und haue den Leuten auf die Finger, die mit ihren lackierten Fingernägeln danach grapschen. Außerdem

gibt es eine Anrede für alle Gender, bei der sich auch Niemand angegriffen fühlt:
„Aufgepasst, ihr Märchenfiguren!“

Huren

Wie scheiße muss ich eigentlich sein, um für Sex Geld bezahlen zu müssen? Diese Frage solltest du dir wirklich stellen! Der Volksmund sagt: „Für jeden Topf gibt es den passenden Deckel“. Nützt dir aber nichts, wenn du ein Lappen bist. Es laufen hier, den Göttern sei Dank, genug Frauen herum. Einige davon sind auch garantiert blöd genug, einen Lappen wie dich zu nehmen.
Die Steigerung hierzu, ist die Kaufhauskatalogbestellung aus Thailand. Besonders eklige Typen ordern sich eine hübsche und meist jüngere Frau aus dem Ausland. Damit sie hierbleiben darf, muss natürlich geheiratet werden. Die Frau erträgt den widerlichen Lappen aber meist nur, bis sie die deutsche Staatsbürgerschaft bekommt. Dann ist sie

endlich frei und der Lappen zahlt ihr Unterhalt -selbst schuld!

Ignoranz

Sicher gibt es eine Menge Dinge, die du gepflegt ignorieren kannst, schließlich verdient auch nicht jede dumme Frage eine Antwort. Aber auch hier gibt es Ausnahmen: Wenn deine Frau oder Freundin etwas mit dir klären möchte, dann regle das! Höre dir an, was sie zu sagen hat und antworte ihr. Diskussionen können nervig sein, das ist klar, aber für die Frau an deiner Seite musst du dir diese Zeit nehmen, es sei denn, du willst sie loswerden. Sie wird da draußen sicher Jemanden finden, der besser auf sie eingeht, als du.

Jogginghose

„Wer eine Jogginghose trägt, hat die Kontrolle über sein Leben verloren!" Dieses Zitat eines berühmten Modeschöpfers trifft den Kern der

Sache. Gemeint sind natürlich nicht die Leute, die dieses Kleidungsstück beim Sport tragen, sondern vielmehr Diejenigen, die es -sei es aus purer Faulheit oder Anstandslosigkeit- nicht für nötig halten, sich eines angemessenen Beinkleids zu bedienen, wenn sie das Haus verlassen. Bereits vor der sogenannten „Pandemie" konnte man beobachten, wie sich überernährte Couchpotatos zur nächsten Tankstelle schleppten, um sich ihre Tagesration an Cola und Energydrinks zu kaufen. Mittlerweile, also nach dem staatlich verordneten Stubenarrest, ist die Zahl der Jogginghosenträger erschreckend und dramatisch angestiegen. Man sieht sie sogar mit den Händen in den labbrigen Hosentaschen, damit sie sich beim Gehen unbemerkt an der Pfeife spielen oder am Sack kratzen können. Was kommt als Nächstes? Bademantel im Büro? Schlafanzug im Restaurant?

Wie ernst kann ich einen Mann nehmen, der mit Jogginghose auf die Straße geht? Gar nicht!

Ich, für meinen Teil, unterhalte mich noch nicht mal mit derartigen Gestalten. Selbst wenn mir nach Ladenschluss der Tabak ausgeht, würde es mir nicht einfallen, mit meiner Couch-jogginghose zur nächsten Tankstelle zu fahren. Zugegebenermaßen wäre es bequem, schließlich bleibt man ja nicht länger als 3 Minuten in der Tankstelle. Aber auch in diesen 3 Minuten wirst du gesehen und der Imageschaden wäre verheerend. Wenn du zu denen gehörst, die ständig mit Jogginghose unterwegs sind, dann ist es eh egal, denn dein Image ist bereits im Arsch, zumindest bei den Leuten, die dich bereits kennen. Am besten, du lässt es gar nicht erst so weit kommen und zeigst dich auf der Straße stets in Kleidung, die zum gewünschten Image passt. Jogginghosen gehören jedenfalls nicht dazu.

Kotzen

Was kann es widerlicheres geben, als Lappen, die infolge übermäßigen Alkoholkonsums kotzen müssen? Das ist nicht nur widerlich, sondern auch peinlich! Natürlich gibt es diese Gelegenheiten, wo schnell sehr viel getrunken wird, aber auch hier spürst du die Wirkung des Alkohols schon, bevor du völlig abstürzt. Es ist keine Schande, mal eine Runde auszusetzen oder zwischendurch mal etwas Alkoholfreies zu trinken. Zudem solltest du auch dein eigenes Maß kennen, damit du das Ende der Party noch miterlebst. Wenn man selber noch fit ist, kann es auch ein Heidenspaß sein, betrunkene Personen zu beobachten.

Lügen

Wer öfter die Wahrheit sagt, muss sich weniger merken. Natürlich kannst du anderen Leuten permanent Lügen auftischen, um dich als ganz tollen Hecht darzustellen. Irgendwann wird aber dein Lügengebilde in sich

zusammenbrechen. Spätestens, wenn Jemand auftaucht, der dich kennt oder wenn Jemand anfängt, deine Geschichten zu überprüfen. Insgesamt wird das dann eine ziemlich peinliche Nummer für dich und dein Lappenimage ist dir sicher.
Die Wahrheit zu sprechen, ist behaftet mit Vertrauenswürdigkeit und verleiht dir Ehre. Dann kannst du zwar nicht in die Politik gehen, aber zumindest in ehrbare Berufe.

Muskeln

Wenn du genügend Muskelkraft besitzt, um deinen Körper von A nach B zu bewegen und deine Frau dir nicht deine Bierkiste tragen muss, dann bist du ausreichend ausgestattet. Natürlich kannst du deinen Muskelaufbau auch vorantreiben, um einen möglichst ästhetischen Body zu erhalten. Dies solltest du aber nicht übertreiben! Wenn deine Oberschenkel irgendwann so muskulös sind, dass du nur noch Jogginghosen tragen kannst, ist auch gleichzeitig der Punkt erreicht, wo dein Penis zwischen den Schenkeln lächerlich klein aussieht.

Nein

Lappen sagen zu allem „Ja und Amen“, während ein Mann auch „Nein“ sagen kann. Ist ja auch ein ziemlich beschissenes Leben, wenn du ständig Dinge tun musst, die du eigentlich gar nicht willst.

Onanie

Selbstbefriedigung ist Teil der männlichen Pubertät und eindeutig ein Teil des Erwachsenwerdens. Wenn du aber als erwachsener Mann immer noch selber Hand anlegen musst, weil du keine Frau bekommst, dann hast du echt den Anschluss verpasst. Wenn du weiterhin onanierst, obwohl du eine Frau hast, dann hast du entweder die falsche Frau oder bist einfach nur bescheuert.

Proteinshake

Die Mitgliedschaft in einem Fitnessstudio ist natürlich eine geeignete Maßnahme, um den eigenen Körper in die gewünschte Form zu bringen. Letzteres macht aber nur Sinn, wenn du auch regelmäßig hingehst und etwas für den Muskelaufbau tust. Das ist mit Willenskraft und Anstrengung verbunden, also mit richtig hartem Training (RHT). Der Lappen von heute hingegen glaubt, er bekäme den Vorzeigebody geschenkt, wenn er nur täglich seinen Proteinshake schlabbert.

Quacksalber

Ich hoffe, du gehörst nicht zu den Leuten, die immer gleich wegen jedem Wehwehchen zum Arzt rennen! Bist du natürlich so wehleidig, dass du leichte Schmerzen nicht ertragen kannst, ein Kratzen im Hals bereits eine Grippe für dich ist, du jede Schwachsinnsimpfung mitnimmst und es dir egal ist, dass deine Kollegen für dich mitarbeiten müssen, dann hast du dieses Buch zu Recht erhalten!

Du telefonierst also nach einem Termin, schleppst dich leidend zur Arztpraxis und setzt dich ins Wartezimmer, zwischen die Leute, die wirklich krank sind. Wenn du vorher nicht infiziert warst, erhältst du spätestens jetzt die volle Dröhnung. Womöglich nimmst du dir auch noch eine von diesen virenverseuchten Zeitschriften, die vorher andere Patienten mit ihren, von Krankheitserregern überzogenen, Dreckpfoten angefasst haben. Jetzt sitzt du da und wartest geduldig, obwohl du einen Termin hattest. Neben dir sitzt ein älterer Herr und raunt dir zu: „Als ich mich hier hingesetzt habe, war ich so alt wie du!"

Zeit, auf die Barrikaden zu gehen! Was bildet sich dieser Arzt eigentlich ein? Du hast einen Termin und wartest trotzdem bereits 30 Minuten. Wenn du deine Kunden so behandeln würdest, dann hättest du keine mehr. Nicht vergessen: Der Arzt ist auch nur ein Dienstleister! Er ist abhängig von der

Zufriedenheit seiner Kunden. Deine Krankenkasse bezahlt ihn für seine Dienstleistungen, also mit deinem Geld.
Was kannst du jetzt tun? Naja, ich kenne dich ja nicht, aber ich kann dir sagen, was ich tun würde:
Erstmal nach vorne zur Anmeldung, einen intoleranten Gesichtsausdruck aufsetzen und die Sprechstundenhilfe zur Rede stellen. Sie wird dann irgendwas von hohem Arbeitsaufkommen und vielen Patienten stammeln. Das ist natürlich keine befriedigende Antwort. Wer Termine vergibt, muss sich auch an die Zeiten halten, sonst kann man sich die Terminvergabe auch gleich schenken. Ich teile ihr mit, dass ich jetzt noch exakt 5 Minuten warten werde. Sollte ich dann nicht aufgerufen worden sein, verlasse ich die Praxis, beschwere mich bei der Krankenkasse, bei der Ärztekammer und schreibe auf Google die übelste Rezension, von der man je gehört hat. Von da an tickt die Uhr. In der Regel werde ich dann auch tatsächlich innerhalb der gesetzten

Frist aufgerufen. Klappt dies nicht, muss man natürlich auch die Eier haben und sich die Zeit nehmen, die eigenen Drohungen wahr zu machen. Dann ab zum nächsten Arzt, gibt ja genug davon.

Religion

Mein absolutes Lieblingsthema! Es gibt wohl kaum einen Lebensbereich der derart von Schwäche und Erbärmlichkeit geprägt ist, wie das Christentum. Dieses ist ja in unseren Breitengraden leider sehr verbreitet und es gibt wohl kaum Jemanden unter uns, der nicht schon mal in einer Kirche gesessen hat. Ursprünglich waren unsere Vorfahren Heiden und haben verschiedene Götter und andere Wesenheiten verehrt. Diese Verehrung hat unsere Ahnen aber nicht in die Knie gezwungen, sondern stark gemacht. Man stand aufrecht und neigte nicht den Kopf. Man brachte seinem Gott ein Opfer dar und erwartete hierfür eine Gegenleistung. Es war also ein Tauschgeschäft: Ein Geschenk für ein Geschenk. Hierfür waren auch keine bezahlten Priester nötig, die dir sagen, was richtig und was falsch ist. Jeder Hausherr war in der Lage, dieses Ritual selbst zu gestalten. Dieses Wissen führt uns zu folgender Frage: Was ist passiert, dass erwachsene Männer anfingen, auf ihren Knien herumzurutschen und einen angenagelten Hippie anzubeten? Die Antwort ist erschreckend und einfach: Machtgier der Obrigkeit!

Ein Volk von Individualisten, wo Jeder für sein eigenes Glück sorgt und wo Jeder auf dem Ritualplatz sprechen darf, ist nicht lenkbar. Es gab zwar gewählte Stammesoberhäupter, aber dennoch herrschte Demokratie. Kaiser und Könige erklärten das Christentum zur Staatsreligion und gewannen damit an Einfluss über das Volk. In der Kirche redet nämlich nur der Priester und die Gläubigen haben zuzuhören. Ein Leichtes, so den Willen der Obrigkeit durchzusetzen.

Letztlich muss man sich auch die Frage stellen, was wir überhaupt mit dem Christentum zu tun haben. Eine abrahemitische Wüstenreligion, die aus Palästina hier eingeschleppt wurde, kann doch unmöglich meine Religion sein.

Wer also zwingend eine Religion benötigt, sollte dann doch lieber auf die Religion unserer Ahnen zurückgreifen und den heimischen Göttern opfern. Dies ist auf jeden Fall besser für die Knie und das eigene Selbstvertrauen. Wenn du Kontakt zu modernen Heiden suchst, wirst du im Internet sicher einige Gruppierungen finden. Einige davon ähneln eher Swingerclubs mit Genderaffinität und Andere sind so weit rechts, dass sie links schon wieder hochkommen. Irgendwo dazwischen gibt es diese kleinen Gruppen, mit klaren und geraden Menschen, deren Mitglieder nicht in esoterischer Umnachtung leben. Finde sie!

Ansonsten lebt es sich auch gut ohne Religion.

Sekt

- kannst du gerne an Silvester, um Mitternacht, zum Anstoßen trinken. Für den Rest des Jahres solltest du dir diese Nuttenbrause verkneifen. Es ist absolut kein Männergetränk! Der Knaller sind immer diese Lappen, die mit einer Flasche Sekt zur Party kommen, der Gastgeberin zuzwinkern und dann sagen: „Den trinken wir beide gleich zusammen."

Tussi

Wie lange stehst du morgens vor dem Spiegel? Wenn du genau so lange wie deine Frau/Freundin brauchst, bist du nicht nur ein unglaublicher Lappen, sondern gleichzeitig auch noch eine Tussi. Verschiedene Cremes für verschiedene Körperteile, Gesichtsmaske, Gurkenscheiben und langes Haareföhnen sind ebenso Weiberkram wie Haarstyling mit Gel und Haarspray. Alterung der Haut ist ein natürlicher Prozess und muss nicht verhindert werden. Wenn du wie ein Mann aussehen möchtest, ist eine Gesichtshaut, die wie ein zarter Kinderpopo aussieht, völlig unangebracht.

Umhängetäschchen

Als Gegenstück zur Damenhandtasche gibt es seit einiger Zeit auch das Umhängetäschchen für den modernen Lappen. Besonders beliebt ist dieses Accessoire bei homophoben Muskelprotzen, die keine vernünftigen Taschen in ihrer Kleidung haben, da sie mal wieder in Jogginghosen auf der Straße unterwegs sind.

Vegan

Woran erkennst du einen Veganer? Brauchst du nicht, denn er wird es dir erzählen. Mittlerweile drängt sich mir der Verdacht auf, dass diese Leute nur vegan leben, um ihre Umwelt damit zu terrorisieren. Das ständige Palaver um das Essen ist derart nervtötend, dass ich Veganer schon gar nicht mehr zu mir nach Hause einlade. Bei heißem Wetter bilden sich auf Badeseen immer schnell Algen. Dann schwimmen die Hardcoreveganer mit offenem Mund. Unsere Ahnen haben sich über Jahrhunderte bis an die Spitze der Nahrungskette gekämpft. Jetzt haben wir hier diese halbverhungerten Lappen, die uns unser Steak schlechtreden wollen. Unser Gehirn ist übrigens nur deshalb so weit entwickelt, weil sich der Mensch Proteine zugeführt hat. Ein langer Evolutionsprozess, der jetzt rückläufig werden könnte. Die Nachkommen der heutigen Veganer, die diese Mangelernährung an ihre eigene Brut weiterreichen, werden wahrscheinlich immer dümmer und letztendlich wieder an ihren Schwänzen von den Bäumen hängen.

Walhalla

Vielleicht möchtest du gerne als Wikinger gesehen werden, nachdem du dir alle Staffeln von „Vikings“ und „Der 13. Krieger“

reingezogen hast. Aber auch hier wirst du schnell zum albernen Lappen, wenn du von der Materie keine Ahnung hast. Besonders amüsant finde ich diese Tattoos, wo die Wikinger Kuhhörner am Helm haben. Zur Info: Wikinger hatten gar keine Hörner am Helm! Die Walküren in einer Oper von Richard Wagner hatten diese Hörner am Helm und seitdem ist das Bild des Wikingers versaut. Ebenso bescheuert ist die Aussage, nach Walhalla zu wollen. Nach Walhalla kommst du generell nur, wenn du im Kampf stirbst. Selbst das ist nicht sicher, denn der Ablauf ist wie folgt: Du stirbst im Kampf und kommst erstmal nach Asgard (Welt der nordischen Götter). Hier müssen sich alle gefallenen Krieger aufstellen und die Göttin Freya hat die erste Wahl. Sie nimmt die Hälfte der Krieger mit zu sich nach Folkwang. Die restlichen Krieger, also nur die zweite Wahl, nimmt Odin mit sich nach Walhalla. Wenn du dich also bereits jetzt für zweitklassig hältst, kannst du gerne weiterhin von Walhalla träumen, aber die Besten gehen nach Folkwang.

XY-Chromosomen

Hierbei handelt es sich um die Geschlechtschromosomen des Mannes. Gilt übrigens für alle männlichen Säugetiere. Wahrscheinlich verfügen selbst Lappen über diese Chromosomen und wären damit in der Lage, als Männer wahrgenommen zu werden.

Zölibat

Unter R wie Religion habe ich mich zwar schon über diverse Schwachsinnigkeiten ausgelassen, aber der Zölibat ist noch ein paar Zeilen wert:
Diese mentale Kastration der katholischen Priester hat sich als Bumerang entpuppt. Ein dauerhafter Verzicht auf sexuelle Freuden ist wider der männlichen Natur und wohl kaum dauerhaft aushaltbar. Was passiert? Sie tun es heimlich mit ihrer Haushälterin, halten sich eine

Geliebte oder vergreifen sich an ihren Messdienern. Letzteres ist ebenso widerlich und abstoßend wie strafbar. Die Worte „in dir steckt ein guter Christ“, bekommen dann übrigens auch eine völlig andere Bedeutung.

Zielgerade

Herzlichen Glückwunsch, du bist mit dem Buch durch!

Solltest du jetzt noch unsicher sein, weil du eigentlich immer noch ein Lappen bist, dann behalte das Buch und nutze es als Nachschlagewerk.

Im günstigsten Fall bist du während der Lektüre zu einem richtigen Mann gereift und benötigst das Buch nicht mehr. Dann kannst du es jetzt Jemandem schenken, den du für einen Lappen hältst.

Für die Leute, denen dieses Buch missfällt, weil es politisch unkorrekt ist, Leute verunglimpft und beleidigt, auf Minderheiten herumhackt, etc.

Dieses Buch ist satirische Kunst und Satire darf alles! Wahrscheinlich gehörst du zu den Lappen, die ich in diesem Buch beschrieben habe.

Herstellung und Verlag: BoD – Books on Demand, Norderstedt
ISBN: 9783756814664